Avant-Propos

D'après la définition du dictionnaire, Le Robert, un proverbe est « une formule présentant des caractères formels stables, souvent figurée, exprimant une vérité d'expérience ou un conseil de sagesse pratique ».

Ces adages, dictons et pensées façonnent notre vie en société et nous aident, jour après jour, à devenir une meilleure version de nous-même.

Sur le continent africain, la transmission de savoir et de sagesse se fait majoritairement par voie orale. Les griots animent les grands évènements privés comme publics et leurs récits sont écoutés religieusement.

AF474867

Avant-Propos

« Un vieillard qui meurt, c'est une bibliothèque qui brûle »

Ce proverbe bien connu en Afrique illustre parfaitement l'importance des "anciens" et l'héritage qu'ils transmettent aux générations futures.

Cette sélection de proverbes a pour but de faire partager la sagesse des différents pays africains pour qu'elle ne soit pas oubliée.

Nous espérons que vous apprécierez lire et retenir ces proverbes autant que nous avons apprécié les sélectionner et les rédiger pour vous.

Asante !

100 Proverbes d'Afrique

Akwaba

(Bienvenue)

Celui qui désire la pluie
doit aussi
accepter la boue

Malawi

Tant que tu as des dents,
casse les noix

Sierra-Leone

Une bonne journée
commence par
une bonne nuit

Niger

Le dromadaire suit
aveuglément
le dromadaire qui
le précède

Somalie

Pour se débarasser
de la colère,
il faut arracher
d'abord la racine

Zambie

Tous les doigts
de la main
ne sont pas égaux

Bénin

Vieillir n'est pas grandir

Burundi

A une querelle
d'hippopotames,
ne te mêle pas

Ouganda

Quand le fou
fait preuve de sagesse,
le sage
cache sa folie

Togo

L'abeille voit sa ruche
avant
de produire le miel

Tchad

Celui qui
a beaucoup voyagé
en sait autant
que celui qui
a beaucoup étudié

Rwanda

Les arbres
se souviennent
des conversations
échangées
sous leur feuillage

Soudan

Suis le caïman
et tu boiras
de l'eau pure

Côte d'Ivoire

Qui sème au soleil
mangera à l'ombre

Comores

Que celui qui
n'a pas traversé
ne se moque pas
de celui qui s'est noyé

Botswana

Avant de traverser
le désert,
même le chacal
fait sa prière

Djibouti

Le chameau
ne voit pas
la courbe de son cou

Libye

Informe-toi
afin de savoir
ce que tu ignores

Mauritanie

La promesse est une dette

Tanzanie

Quand le margouillat
nargue le calao,
c'est que l'arbre
n'est pas loin

Sénégal

Aller doucement n'empêche pas d'arriver

Nigéria

Eduquer une femme
c'est
éduquer un village

Angola

Toute naissance

est

la renaissance

d'un ancêtre

Burkina Faso

Il est préférable
d'avoir
un mauvais mariage
qu'un divorce

Erythrée

N'insultez pas
un crocodile
lorsque vos pieds
sont encore dans l'eau

Afrique du Sud

Un seul mensonge
suffit à mettre à mal
un millier de vérités

Ghana

Le tronc d'arbre
a beau durer dans l'eau,
il ne sera jamais
un caïman

Mali

Dans la crise,
fait confiance
à tes propres pieds

Mozambique

Plus le singe
grimpe en hauteur
sur l'arbre,
plus on voit
son derrière

République
Démocratique
du Congo

Si la porte est fermée,
n'hésite pas à passer
par les fenêtres

Congo

Le problème
ne cherche personne,
c'est la personne
qui cherche
le problème.

Cameroun

Fuis la compagnie
où tu n'auras rien
à apprendre de bon

Algérie

Le silence
est plus profitable
que l'abondance
des paroles

Egypte

L'erreur n'est pas
le monopole
des imbéciles

Maroc

Pierre par pierre,
la maison se construit

Tunisie

L'observation
est mère
du raisonnement

Guinée

Ecoute
avant de parler,
mâche
avant d'avaler

Ethiopie

Un seul doigt
ne lave pas la figure,
l'union
fait la force

Gabon

Avoir
une bonne discussion,
c'est devenir
plus riche

Kenya

C'est ensemble
que les singes
ramassent les fruits

Libéria

Le chagrin
est comme le riz
dans le grenier,
chaque jour
il diminue un peu

Madagascar

Quand un arbre tombe,
on l'entend,
quand la forêt pousse,
pas un bruit

Afrique du Sud

La femme porte la nation

Botswana

Vouloir arriver,
c'est avoir fait
la moitié du chemin

Algérie

Même si le gnou
mange l'herbe,
elle continue de pousser

Congo

Les mouches
ont peut-être changé,
mais les ordures
restent les mêmes

Angola

Quand on coupe
les oreilles,
le cou s'inquiète

Guinée

La crevette
donne plus de goût
à la sauce
que le gros poisson

Bénin

Le fleuve
fait des détours
parce que
personne ne lui montre
le chemin

Gabon

Ce qui est difficile
est bon,
le facile n'a pas de profit

Burkina Faso

Le singe
qui ne voit pas
son derrière
se moque
des autres singes

Ethiopie

On ne peut pas
aimer l'orange
et haïr l'oranger

Comores

Ce que désire
ardemment le coeur,
met les jambes en route
tôt le matin

Burundi

La nation
est à tout le monde,
mais la religion
est personnelle

Erythrée

Si la salamandre
réussit à s'introduire
dans la maison,
c'est qu'elle a trouvé
une faille

Cameroun

Juge un homme
en fonction d'où il vient
plutôt qu'en fonction
de là où il est arrivé

Ghana

Une vie réussie
est un rêve d'enfance
réalisé à l'âge mûr

Maroc

Quand deux éléphants
se battent,
c'est l'herbe qui souffre

Côle d'Ivoire

On ne change pas
tout un pays,
c'est lui
qui vous change

Niger

Parole n'est que
travail de gorge

Djibouti

Dans une dispute
avec un imbécile,
c'est le sage qui s'en va

Madagascar

Tu as l'avantage
sur la colère
quand tu te tais

Egypte

A trop chatouiller
la truffe du lion,
on se fait
bouffer la main

Kenya

Celui qui frappe
un chien
vise son maître

Rwanda

Le mouton noir
qui manque,
que vous n'avez pas vu
durant le jour,
vous ne le verrez pas
non plus
à la nuit tombée

Libéria

Qui mange vite, se brûle la langue

République Démocratique du Congo

Celui qui demande
peut paraître agaçant
mais ne mourra pas
ignorant

Mali

Le chasseur
à la poursuite
de l'éléphant
ne s'arrête pas
pour lancer des pierres
aux oiseaux

Ouganda

Le fardeau
supporté en groupe
est une plume

Mauritanie

Le mensonge
donne des fleurs
mais
pas de fruits

Sénégal

L'ennemi vaincu
par la vérité
ne reviendra jamais,
l'ennemi vaincu
par les armes
reviendra certainement

Nigeria

Pour mieux avancer,
il faut au préalable
avoir mesuré
le chemin parcouru

Tchad

Un malchanceux
trouvera de l'os
dans un mets de tripes

Soudan

La patience est clé
de tous
les soulagements

Tunisie

La mort d'un homme
est la fin de la vie
mais pas
la fin du monde

Sierra-Leone

Chaque vocation
est grande
si elle est poursuivie
avec grandeur

Zambie

Une personne âgée
connaît
la fin de ses jours

Somalie

Un ruisseau
à nombreuses sources
ne tarit jamais

Cameroun

Ce n'est pas la main
mais le coeur qui donne

Tanzanie

Qui flatte
le crocodile
peut se baigner
tranquille

Rwanda

Ne jette pas
la provision d'eau
de ta jarre
parce que la pluie
s'annonce

Togo

Si la pluie
frappe le piment,
sa virulence
n'en diminue pas

Côte d'Ivoire

Un seul arbre
ne fait pas une forêt

Madagascar

La nouvelle
n'a pas de jambes
mais
elle peut enjamber
la rivière

Sénégal

On est plus
le fils de son époque
que
le fils de son père

Afrique du Sud

Quand la souris
nargue le chat,
c'est que son trou
n'est pas loin

Nigéria

Le plus fou
est celui
qui prend les autres
pour des fous

Togo

La sagesse
est comme un jardin,
non cultivée,
elle ne peut
être récoltée

Guinée

Si tu as perdu
ton cheval,
regarde
sous la selle

Ethiopie

Si tu ne peux pas
être une étoile
au firmament,
soit une lampe chez toi

Maroc

Les biens
de ce monde
ne sont
que des prêts

Mauritanie

Ce n'est pas
le jour du combat
qu'on aiguise sa lance

Guinée

Un peuple sans culture
c'est
un homme sans parole

Algérie

Quand les myopes
deviennent visionnaires
les muets
se font entendre

Côte d'Ivoire

Celui qui te conseille
de construire une case
ne te donnera pas
un paquet de paille
pour la toiture

Gabon

Pour être bien servi,
il faut savoir attendre

*République
Démocratique
du Congo*

Quand le rythme
du tambour change,
les pas du danseur
changent aussi

Bénin

Il vaut mieux
une vérité au goût amer
qu'un mensonge
au goût sucré

Comores

Ce n'est pas parce que
le lion a maigri
qu'il est devenu chat

Burkina Faso

Suis ton coeur
pour que ton visage
rayonne le temps
de ta vie

Egypte

Ngiyabonga

(Merci)

www.ingramcontent.com/pod-product-compliance
Ingram Content Group UK Ltd.
Pitfield, Milton Keynes, MK11 3LW, UK
UKHW021643190726
13853UKWH00001B/25